A MON PÈRE ET A MA MÈRE.

1830

ACTE PUBLIC

POUR LA LICENCE,

EN EXÉCUTION DE L'ARTICLE 4, TITRE 2, DE LA LOI DU 22 VENTÔSE, AN 12.

SOUTENU

Par M. CHALRET-DURIEU (Paul-François-Marie),

NÉ A VILLENEUVE (AVEYRON).

JUS ROMANUM.

INSTITUTES, LIVRE II, TITRE XVIII.

Quibus modis testamenta infirmantur.

Tribus modis infirmantur testamenta.
Rumpuntur, vel fuint irrita, vel inoffinisa sunt.
Ut infirmetur, testamentum debet esse jure factum, nam si esset sine jure non testamentum foret.

1850

Rumpuntur testamenta, jure facta, quum in eodem statu, manente testatore ipsius testamenti jus vitiatur, idest : quum causa qua rumpuntur lestamenta est aliena statu testatoris.

Rumpuntur testamenta nativitate posthumi sui in testamento preteriti aut exheredati.

Rumpuntur quoque, quum adoptione heres agnascatur, etiam exheredatus; nulla enim est exheredatio, quia non est in potestate testatori exheredare quem in suà potestate non est.

Tamen si institutus heres, in potestate testatori non est, ejus adoptione non rumpitur testamentun ante factum ; invito Gaio, dicente omni modo rumpuntur testamenta agnatione sui heredis.

Rumpitur adhuc testamentum, matrimonio testatoris, oblatione ad curiam filiorum. Quia heredes sui fuint.

Rumpuntur etiam, posteriere testamento jure perfecto, nec interest, utrum in posteriere testamento, heres scriptus adierit hereditatem necne ; sufficit enim aliquo casu potuisse existere « ideoque siquis aut noluerit esse, aut vivo testatore, aut post mortem ejus ante quam hereditatem adiret, decesserit, aut conditione subqua heres institutus est defectus sit, in his casibus pater familias intestatns moritur, nam et prius testamentum non valet ruptum a posteriore, et posterius œque nullas habet vires, quum ex eo nemo heres extiterit. (Tɪᴛ. XVII, § 2.) In hoc casu : prius testamentum non est voluntatis testatoris justa sententia quod post mortem suam, fieri velit, quoniam alterum testamentum fecit, ideo prius rumpi debet. Si quis priore testamento jure perfecto, posterius testator œque jure fecerit, quamvis en posteriore testamento heres scriptus sit ex certis rebus rumpetur testamentum ; nam, si unum tantum ex certis heredem scripcrit totusas in certis rebus erit « uneque enim idem a parte testatus et ex parte intestatus decedere potest, nisi sit miles cujus sola voluntas in testando spectatur. » (Tɪᴛ. XIV, § 5.)

Tamen si testator expresserit in posteriere testamento se velle ut prius valeat, heres scriptus in secundis tabulis, debet con-

tentus rebus sibi datis, aut suppleta quarta lege falcidia , hereditatem restituere illis qui in priore testamento scriptis sunt.

Si quis, testamento facto, ab hostibus captus est, testamentum
ejus valet si quidem reversus fuerit, jure postliminü, si vero decesserit ex lege Cornelia, quæ perinde successionem ejus confir-
mat at que si in civitate decesserit.

Ex eo autem solo non potest infirmari testamentum , quod postea testator id noluit valere. Tamen decennium fuerit emensum ,
post confectionem testamenti rumpitur testatoris voluntate, si
hanc manifestaverit , vel per testes idoneos non minus tribus, vel
inter acta. (427 C. de testam.)

De irritis testamentis.

Irritum fit testamentum si testator capite diminutus fuerit. Jure
civili , factio testamenti requiritur et tempore testamenti , et tempore mortis, et etiam tempore intermedio itaque qui diminuuntur testamenta illis irrita fuint ; sed jure pretorio , quia, suffi-
ciebat testamenti tempore mortis et tempore testamentis, beneficio
hujus juris eorum qui capite diminuuntur in tempore intermedio
non fiunt testamenta irrita et prétor mitit heredes in possessionem bonorum secundum tabulas.

Qui filius familias factum est tempore intermedio potest servare
suo testamento vim si declaret se velle testamentum suum valere.

Si civis quidam fecisset testamentum irritum, si quum militaret
mutavisset, aliquam rem, testamentum fit bonum et jure factum.

Denique et si in adrogatione datus fuerit miles testamentum
ejus quasi ex viri militis valet.

De inofficioso testamento.

Testamentem infirmatur quam inofficiosum est.

Inofficiosum dicitur , testamentum , quod frustra liberis exheredatis , non ex officio pietatis videtur esse conscriptum. Itaque qui a patre exheredatus aut a matre injuste preteritus est , potest agere adversus heredem institutum querelam inofficiosi testamenti. Ut liceret hanc querelam factam esse , quum in testamentis nullum esset vitium . et quun jus ita agendi in patria potestate esset , necesse fuit colorare rem dicendo , non sanæ mentis fuisse quum testator , testamenta ordinaret.

Non autem tantum liberis permissum est testamentum , parentum inofficiosum accusare , verum etiam parentibus ; fratribus et sororibus a fratribus aut sororibus injuste , preteritis , si turpis persona , ipsis prelata fuit. In novella CXV inveniuntur causæ. proquibus licet exheredare suos et in his casibus non possunt competere querelam inofficiosi testamenti.

Odiosam est querelam inofficiosi testamenti; itaque non patet, ista via , quibus alia , ad bona testatoris pervenire possunt. Sic impuberibus sui juris adrogatis non licet uti querelam , quia ad quartam partem bonorum ex epistola imperatoris Antoniun, venjre possunt.

Idem emancipati liberi, si neque heredes instituti neque exheredati fuerint a patre , quia pietor promittit illis testamenti bonorum possessionem contra tabulas. (Exherd., lib. tit. 13, § 3.)

Quibus non [dederat testator quartam partem bonorum quam habuissent si intestatus mortuus esset querelam agere licebat, ante Justinianum, si non fuerit adjectum ut compleretur ab herede arbitratu boni viri.

Sed Justinianus, constituit querelam inofficiosi testamenti locum habere si exheredatis aut preteritis in testamento relectum sit nihil. Si contra, aliqua pars hereditatis a testatore datum fuerit inofficiosa querela quiscente , id quod deest usque ad quartam legitimæ partis repleatur licet non fuerit adjectum boni viri arbitratus debere eam impleri.

Et si quarta pars data fuerit cui habere debet, non potest querelam exercere quamvis non ei data quasi pars hereditatis , igitur quart a pars potest dari sive jure legati, vel fideicommissi , vel mortis causa.

Ista hereditatis pars auxit Justinianus. Voluit ut si quatuor essent liberi vel infra, uncias eis relinqui quatuor; si quinque essent vel supra mediam totius substantiæ eis relinqui partem.

Cessat quærela , si ille qui queri potest approbaverit defuncti judicium; pariter si ille cui minus quartà relictum est judicium defuncti impugnaverit per querelam inofficiosi testamenti , et victus sit , non poterit postea legatum aut aliud quidquam sibi relictum petere.

Si filius familias tutor, injuste exhæredatus a patre suo, petierit tanquam tutor et nomine pupilli legatum pupillo suo relictum in testamento patris, potest nihilominus proprio suo nomine movere querelam inofficiosi testamenti , quia ipsi non potest objici quod spente agnoverit patris sui judicium cum illud agnoverit ex necessitate sui officii. (L 30, § 1 FF, tit, 28.)

Sedet si e contrario, pupilli nomine , cui nihil relictum fuerit , de inofficioso egerit et superatus est ipse tutor quod sibi in eodem testamento legatum relictum est , non amissit.

Cessat querela elapso quiennio , post quam institutus heres ventus est ad hereditatem.

CODE CIVIL.

DISPOSITIONS GÉNÉRALES.

Du Contrat de mariage.

Avant la promulgation du titre V , liv. III du Code civil, la France n'avait pas une loi commune pour les contrats de mariage.

Dans la plus grande partie du Nord, la loi commune était le régime de la communauté , tandis que dans le Midi, resté fidèle au Droit Romain , c'était le régime dotol. Quand la nécessité se fit sentir de faire une règle générale qui fût le droit commun , on jeta les yeux sur ces deux régimes , qui, l'un et l'autre, trouvèrent de nombreux partisans, lorsqu'il fallut rechercher et faire valoir lequel des deux était le plus en rapport avec l'institution du mariage. Après de vives discussions le Nord, plus heureux que le Midi en ces sortes de luttes , l'emporta et le régime de la communauté devint le droit commun de la France. Ce fut donc là la règle. Toutes les conventions qui y dérogent sont des règles exceptionnelles qui , pour être valables , doivent être spécifiées dans un contrat. La loi, du reste, permet ces dérogations, et quoique le régime de la communauté légale soit le droit commun , on n'est pas tenu de se soumettre aux dispositions légales qui le régissent ; ce n'est que tout autant qu'il y a défaut de conventions entre époux qne leurs biens sont régis par lui ; car, en fait d'association quant aux biens entre époux , les conventions font entièrement loi. Le Code lui-même en donnant les règles qui ont trait au régime dotal , et à plusieurs autres formes d'associations, le prouverait assez , quand même il ne l'aurait pas positivement énoncé dans l'art. 1387. Il faut ajouter que, quelle que soit le pouvoir donné aux époux pour faire les conventions qui doivent régir leur association quant aux biens, ils doivent ne pas sortir de certaines limites; ainsi ils ne pe uvent donner aucune valeur à une convention qui serait contraire aux bonnes mœurs , ou qui serait prohibée par la loi; ainsi il ne leur est pas permis de déroger aux dispositions des lois relatives à la puissance maritale , à la puissance paternelle, et la tutelle légitime des père et mère.

Aux termes de l'art. 1590 , il leur est défendu de faire aucune convention ou reconvention dont l'objet serait de changer l'ordre légal des successions, soit par rapport à leurs enfants entre eux, soit par rapport à eux-mêmes dans la succession de leurs enfants ;

ainsi, les époux ne peuvent convenir que la succession de leurs enfants appartiendra au père à l'exclusion de la mère (art. 746), ou qu'elle appartiendra à l'aîné par plus forte part (752). L'article 1130 prohibe de pareilles stipulations à l'égard des successions étrangères non encore acquises.

S'il ne leur est pas permis de se donner plus de pouvoir que la loi ne leur en donne, les époux ne peuvent, non plus, se créer des incapacités ; c'est en vain que la mère renoncerait au droit à la puissance paternelle dans le cas où elle survivrait à son mari.

Il est encore quelques prohibitions formulées par la loi qui ont plutôt trait à la forme qu'au fond des choses ; ainsi les époux ne peuvent stipuler d'une manière générale , que leur association sera réglée par telle ou telle coutume , et cependant il leur est permis de se soumettre aux articles de ces mêmes coutumes pourvu qu'ils soient transcrits dans le contrat de mariage.

Les mineurs incapables de contracter voient leur incapacité cesser par le bénéfice de la loi quand il s'agit du mariage : ainsi, avec l'assistance de leurs assendants et s'ils n'en ont pas avec l'approbation du conseil de famille , ils peuvent s'engager comme s'ils étaient majeurs.

C'est dans un acte authentiqne , passé devant notaire , que doivent être rédigées les conventions qui sont faites entre les futurs époux et leurs familles. On a donné à ces conventions et à l'acte qui les contient le nom de contrat de mariage. Il doit être antérieur à la célébration du mariage devant l'officier civil, après quoi il n'est plus permis de le modifier. L'article 1398 exige qu'il soit passé une minute. Dans le cas où l'on désirerait opérer des modifications, avant la célébration du mariage , au moyen de changements ou contre-lettres, ces dispositions nouvelles ne seraient valables, à l'égard des époux et à plus forte raison à l'égard des tiers, que tout autant qu'elles auraient été rédigées dans la même forme que le contrat en prénsece et du consentement simultané de ceux qui ont été parties dans le contrat de mariage. A l'égard des **tiers**, ces changements et contre-lettres ne vaudront que s'ils ont été rédigés à la suite de la minute du contrat de mariage, et dans le cas où le notaire négligerait de les transcrire quand il délivrera expédition, il sera tenu des dommages et intérêts envers les **tiers** qui auraient été lésés.

Il n'est pas toujours indispensable de coucher dans le contrat de mariage les règles qui doivent régir les conventions matrimoniales ; on peut déclarer d'une manière générale qu'on entend se marier sous les régimes établis par le code, mais il faut le faire en termes formels ; ainsi il ne suffirait pas de dire que la femme se constitue des biens en dot, pour que cette dot fût soumise au régime dotal ; il en serait de même de la simple déclaration que les époux se marient sans communauté ou qu'ils seront séparés de bien.

A défaut des conventions, on fera application à l'association quant aux biens des règles établies dans le chapitre de la communauté légale (art. 1490), qui est le droit commun de la France.

Régime dotal.

Quand les époux déclarent positivement qu'ils entendent se marier sous le régime dotal, les biens de la femme sont régis par les règles établies au chapitre III du titre V, livre III du code civil, et tout ce qu'elle se constitue en dot est inaliénable, si on ne stipule pas le contraire. Le régime dotal n'est pas ainsi nommé parce qu'il y a une dot de constituée, car la dot étant le bien que la femme apporte au mari pour soutenir les charges du mariage, sous tous les régimes il peut y avoir dot apportée au mari, mais bien de la manière dont cette dot est gouvernée et protégée sous ce régime.

Constitution de la dot.

La dot ne peut être constituée ni augmentée pendant le mariage (Art. 1543). Elle se compose de tout ce qui est donné à la femme et de ce qu'elle se constitue par contrat de mariage sauf stipulation contraires, car il lui est permis de ne placer sous la protection des règles qui régissent le régime dotal qu'une partie de ses biens présents ou à venir, ou même un objet individuel, mais présent ; comme aussi elle peut y placer non-seulement ses biens présents, mais encore ceux qui pourront lui échoir pendant le mariage ; ceux qu'elle acquerra après le mariage ne pourront profiter des bénéfices que l'art. 1554 accorde à ceux qui sont donnés au mari pour supporter les charges du mariage.

Dans le cas où la femme se constituerait tous ses biens sans autre désignation, on ne devra entendre que ses biens présents.

Les donations faites aux époux par contrat de mariage, soit par des étrangers, des parents, soit par les époux entre eux, sont réglées par le chapitre VIII et IX du titre II, livre III du Code civil, nous nous contenterons de remarquer que, si le père et la mère constituent conjointement une dot, sans fixer la part de chacun, elle sera censée constituée par égale part.

Si les père et mère sont mariés sous le régime dotal et que le père seul constitue la dot pour droits paternels et maternels, la mère ne sera obligée en rien quoique elle ait signé au contrat ; il en serait différemment sous le régime de la commnnauté, où le père peut disposer des biens communs pour doter les enfants, et la mère serait tenue de la moitié de la dot si elle acceptait la communauté.

Les biens propres à la fille ne sont pas présumés entrer dans la dot constituée par le père et mère.

Si le survivant des père et mère qui constitue une dot, pour biens paternels et maternels, est tenu du surplus nécessaire aux biens du prédécédé pour compléter la dot.

Comme les donations faites en vue du mariage n'ont pas précisément pour le mari un caractère purement gratuit, il peut exiger la garantie de la dot par ceux qui l'ont constituée, ainsi que les intérêts, quels que soient les termes accordés pour le paiement de la dot.

Droits du mari.

Le mari seul a l'administration des biens dotaux, dit l'art 1549. Toutefois, comme la loi ne parle qu'à défaut de convention, la femme peut stipuler dans le contrat de mariage qu'elle aura l'administration de ses biens dotaux. Ce même article ajoute qu'il aura seul le droit de poursuivre les débiteurs et détenteurs de la dot, d'en percevoir les fruits et les intérêts, et de recevoir les remboursements des capitaux, sans être tenu de fournir caution, s'il n'y est assujetti par le contrat de mariage; et en supposant qu'il la donnât, elle serait nulle à moins qu'il ne l'eût fait pour empêcher la femme de demander la séparation de biens. Il arrive parfois que la femme, sur ses seules quittances, peut percevoir les revenus d'une partie de sa dot; ses créanciers ne peuvent les faire saisir.

Si les objets donnés en dot sont des corps mobiliers non fongibles, mais mis à prix dans le contrat, le mari en devient propriétaire à moins de stipulation contraire. Il devient propriétaire des meubles fongibles, sans estimation. Dans le premier cas, il ne doit que le prix porté au contrat; dans le second, il doit rendre en même espèce une valeur représentative des objets qu'il a touchés. Si ces objets sont des immeubles, l'estimation n'en transfère pas la propriété, à moins de déclaration expresse, parce qu'elle n'est censée faite que pour déterminer la perception des droits du fisc, ou le montant des dommages en cas de détérioration. Si le mari ne devient pas le propriétaire des objets dotaux, il en est censé l'usufruitier, et il est responsable de toutes les prescriptions acquises (pourvu que le dernier jour de la prescription ne se soit pas trouvé un des premiers jours du mariage), ainsi que de détériorations survenues par sa négligence.

Le principal caractère du régime dotal est l'inaliénabilité de l'immeuble constitué en dot. Ainsi, le mari ni la femme pendant le mariage ne peuvent ni l'aliéner ni l'hypothéquer ; si l'immeuble qui représente la dot a été acheté avec de l'argent donné en dot, il n'est pas inaliénable, à moins que la condition d'emploi ne soit stipulée dans le contrat de mariage. L'emploi doit être fait de la manière indiquée dans le contrat de mariage pour n'être pas sujet à devenir inutile. Dans le cas où la manière ne serait pas déterminée par le contrat, il doit être fait en immeubles. L'acceptation de l'emploi par la femme n'est nécessaire que dans le cas où le contrat de mariage l'exige. Si on a grossi une vente par fraude et que le débiteur de la dot ignorant la fraude a payé, il est libéré, le mari et le vendeur sont seuls responsables ; l'immeuble qui est devenu dotal par le fait de l'emploi devient inaliénable.

Le principe de l'inaliénabilité souffre des exceptions. Par contrat de mariage, on peut stipuler que la femme pourra aliéner ses immeubles dotaux (Le droit de vendre n'emporte pas celui d'hypothèques) avec l'autorisation de son mari.

La femme peut, avec l'autorisation de son mari ou à son refus avec l'autorisation de la justice, donner ses biens dotaux à ses enfants d'un premier lit, en conservant la jouissance à son mari. Si elle veut doter ses enfants communs, son mari peut seul l'autoriser ; son refus ne peut être déféré à la justice.

L'art. 1558 énumère les cas dans lesquels l'immeuble dotal peut être aliéné avec l'autorisation spéciale de la justice, c'est : 1° pour tirer le mari de prison ; 2° pour fournir des aliments à la famille ; 3° pour payer les dettes de la femme, etc. Si dans ces cas le mari était seul maître de donner l'autorisation, il eût été facile de déroger aux conventions matrimoniales ; c'est ce que la loi a voulu éviter en exigeant l'autorisation de la justice. L'excédant du prix provenant de ces ventes est dotal ; il doit en être fait emploi au profit de la femme.

Une partie de l'immeuble dotal peut être aliénée pour faire, au reste, de grosses réparations.

En cas d'indivisibilité, si l'immeuble est impartageable, il peut être vendu.

L'immeuble dotal peut être échangé contre un autre immeuble en ayant égard aux formalités exigées par l'art. 1559, si une stipulation expresse n'en dispense pas.

Sauf ces exceptions, toute aliénation qui aura été faite de la dot immobilière, peut être révoquée sur la demande de la femme, après la séparation ; de la femme et de ses héritiers, après la dissolution du mariage ; et du mari lui-même, pendant le mariage, sauf tous les dommages-intérêts de l'acheteur contre le mari, si ce dernier n'a pas déclaré dans le contrat de vente que l'immeuble était dotal ; s'il l'a déclaré, il n'est pas tenu des dommages-intérêts, parce que l'acheteur a été prévenu qu'on lui vendait la chose d'autrui ; dès-lors, il devait comprendre que cette vente était nulle, il doit subir les conséquences de la nullité de la vente. De plus, il devra rendre l'immeuble dotal sans attendre la restitution de ce qu'il a payé.

Après la dissolution du mariage ou la séparation des biens, la femme, au lieu d'exercer l'action en révocation, peut se faire colloquer sur les biens du mari.

Si l'immeuble dotée est inaliénable, il doit être imprescriptible, car la prescription est une espèce d'aliénation ; aussi l'art. 1561 dit que tous les immeubles dotaux, non déclarés aliénables, sont imprescriptibles pendant le mariage, à moins que la prescription n'ait commencé auparavant ; ceux même déclarés aliénables, mais à charge de remploi, sont imprescriptibles. Il en est du démembrement de la propriété comme de la propriété elle-même pour ce qui concerne la prescription. L'inaliénabilité subsistant autant que le mariage, l'imprescriptibilité devait durer de même; cependant l'art. 1561 veut que les immeubles dotaux puissent être prescrits après la séparation de biens, quelle que soit l'époque à laquelle la possession a commencé , pourvu que l'action que la femme intenterait pour se faire dédommager ne rejaillît sur son mari. (Art. 2256.)

Restitution de la dot.

La dot doit être restituée après la dissolution du mariage ou à la séparation des biens. Si elle a été constituée en immeubles, ou en meubles non estimés ou avec déclaration que l'estimation ne valait pas vente, le mari peut être contraint à restituer sans délai, car il est censé les avoir en sa possession ; d'abord la vente d'un immeuble est nulle ; quant aux meubles, ils ne lui appartenaient pas, il n'a pas droit de les vendre; s'il l'a fait, ce n'est pas une raison pour qu'il soit déchargé de la contrainte de les restituer, ou du moins leur valeur, sans délai. Si les meubles dont la propriété reste à la femme ont dépéri par l'usage et sans la faute du mari, il ne sera tenu que de rendre ceux qui resteront et dans l'état où ils se trouvent.

Si la dot consiste en une somme d'argent, ou en meubles fongibles, ou en meubles mis à prix dans le contrat de mariage, sans déclaration que l'estimation n'en rend pas le mari propriétaire, la restitution ne peut être exigée qu'un an après la dissolution, parce que le mari, en étant devenu propriétaire, les a probablement vendus et placé les deniers pour en tirer un revenu. La femme a toujours le droit de retirer de suite le linge et hardes à son usage actuel, sauf à en précompter la valeur, s'ils ne font pas partie des objets dont elle est restée propriétaire.

Dans le cas où le mari doit rendre la dot en nature, il doit la rendre dans l'état où elle se trouve; ainsi, quand la dot comprend des rentes ou obligations qui ont péri ou souffert des diminutions indépendantes de sa faute, il en sera quitte en rendant les contrats constitutifs de rentes ou obligations. Si un usufruit a été constitué en dot, le mari n'est tenu que de restituer le droit d'usufruit à moins qu'il ne s'éteigne pendant le mariage.

Pour exiger la restitution de la dot, il faut prouver qu'elle a été reçue; c'est à la femme ou à ses héritiers à la fournir. La preuve testimoniale est admissible dans tous les cas. La preuve ne serait pas nécessaire si le mariage avait duré plus de dix ans depuis l'échéance des termes pris pour le paiement de la dot, parce qu'il est présumable qu'elle a été perçue; la femme ou ses héritiers pourront la demander au mari après la dissolution du mariage, à moins qu'il ne justifie de diligences inutilement faites.

Quand la dissolution du mariage arrive par la mort du mari, la femme a le droit de choisir ou les intérêts de sa dot, ou s'ils ne lui paraissent pas suffisants, de se faire fournir des aliments pendant l'année du deuil aux dépens de la succession de son mari. En dehors de tout intérêt, l'habitation et les habits de deuil lui sont dûs pour un an.

Il arrive parfois que le mari meurt ayant consommé la dot de sa femme et sans laisser après lui de quoi indemniser sa femme; dans ce cas, la femme doit-elle le rapport de la dot à la succession du père? Il faut distinguer : si le mari avait un état lors du mariage, le père a pu lui confier la dot de sa fille sans être imprudent; sa succession ne doit pas en souffrir et sa fille rapportera en moins prenant; si, au contraire, le mari n'avait ni art ni profession sur laquelle le père eût pu compter pour la conservation de la dot, dans ce cas il sera coupable et sur sa succession devra retomber la faute; en conséquence, la femme qui aura perdu sa dot, viendra à la succession de son père comme s'il ne lui avait été rien donné.

DROIT COMMERCIAL.

De la Lettre de change. — De l'Echange.

L'échéance est l'époque fixée pour le paiement d'une lettre de change.

L'échéance d'une lettre de change peut être indéterminée ou déterminée.

Elle est indéterminée, lorsque la lettre de change, suivant l'article 129 , est tirée à vue : à un ou plusieurs jours , à un ou plusieurs mois , à une ou plusieurs années.

La lettre de change payable à vue doit être payée à sa présentation. Celle payable à un certain délai de vue nécessite la fixation de l'échéance , ce qui a lieu quand on présente la lettre à l'acceptation ; dans le cas où le tiré refuserait d'accepter, la date du protèt qui doit constater la non acceptation fixerait l'époque à partir de laquelle doit courir le délai de vue ; dans les deux cas , la lettre de change doit être présentée dans les six mois de sa date; dans le premier cas pour en exiger le paiement , dans le second pour faire courir le délai de l'échéance , sous peine de perdre le recours, contre les endosseurs et même le tireur, s'il a fait provision qu'a le porteur d'une lettre de change.

L'époque de l'échéance est détérminée , lorsque la lettre de change est payable à un jour détermi005 : en foire , à un ou plusieurs jours de date , à un ou plusieurs mois, à une ou plusieurs usances.

Nous devons observer que quand une lettre de change est tirée à jour fixe , ou à un certain délai de date , quoique ce délai soit de plus de six mois , on n'est pas tenu de présenter la lettre de change, dans les six mois de sa date, à l'acceptation, comme dans le cas de délai de vue. La cause en est que le sort des intéressés n'est pas entre les mains du porteur , puisque le jour du paiement est fixé et que , passé ce délai de date , ils ne sont plus engagés envers lui , s'il n'a présenté la lettre au paiement le jour de l'échance au plus tard.

Quand la lettre de change sera payable à jour fixe , ce jour sera celui de l'échéance et du paiement. Cependant si la lettre de change venait à échoir un jour férié , elle serait , aux termes de l'art. 134, payable la veille ; mais le jour du protèt serait le lendemain du jour férié. Dans le cas où la lettre serait à plusieurs mois ou usances de date , il en serait de même si le jour de l'échéance était un jour férié.

Quand la lettre de change doit être payée *en foire* , l'art. 135 du Code de commerce a décidé que si la foire ne dure qu'un jour, ce jour devra être celui du paiement ; mais si la foire dure plusieurs jours , la lettre de change sera considérée échue , et dèslors le paiement pourra être exigé, la veille du jour fixé. pour la clôture de la foire.

Le Code de commerce se sert pour exprimer des délais fixes des mots d'usance et de mois. Il ne faut pas confondre ces deux mots : l'usance est un délai de trente jours qui courent du lendemain de la date de la lettre de change ; le mois est un délai , tantôt de trente jours , tantôt de plus , tantôt de moins , suivant le nombre de jours dont se compose le mois , d'après le calendrier Grégorien. L'inégale durée des mois a donné lieu à des difficultés , quand il a fallu déterminer l'échéance d'une lettre de change , tirée à un ou à plusieurs mois de date.

Le Code de commerce est muet à cet égard ; mais la raison dit que la lettre de change tirée à un ou plusieurs mois de date est payable à la date qui , dans le mois indiqué pour son échéance , correspond à celle du jour où elle a été tirée. Mais il arrive parfois que ce jour n'existe pas dans le mois indiqué pour l'échéance. Ainsi une lettre de change tirée le 31 janvier et à trois mois de date , le jour de l'échéance serait le 31 avril s'il existait , mais n'existant pas , la susdite lettre de change n'aurait pas de jour d'échéance. Pour y remédier, on doit pour les jours non existants faire exception à la règle , comme pour les jours fériés , et prendre pour jour d'échéance le 30 avril.

L'art. 135 du Code de commerce a abrogé les anciens usages qui accordaient au porteur un certain délai de grâce, pendant lequel sans encourir d'échéance il pouvait après l'échéance se dispenser du protêt.

DROIT ADMINISTRATIF.

Quelles sont les principales attributions de l'administration active au second chef ?

Les faits qui rentrent dans les attributions de l'administration active au second chef, sont ceux qui donnent lieu à un recours contentieux devant les tribunaux administratifs ; donc toutes les fois qu'un acte du pouvoir exécutif touchera à un droit privé et qu'il s'élèvera une discussion, l'appréciation du litige rentrera dans les attributions de l'administration active au second chef, à moins que l'intérêt général n'ait exigé la lésion de ce droit « car l'intérêt général seul ne peut jamais se trouver discuté avec un droit privé et que le pouvoir législatif et le pouvoir exécutif pur règlent et dirigent cet intérêt qui plane dans une sphère inaccessible aux réclamations individuelles. » (Chauveau, Principes de compétence, n° 280.)

Pour reconnaître si un fait rentre dans les attributions de l'administration active au second chef, il serait nécessaire de se livrer à de nombreuses recherches, si dans les principes de compétence de M. Chauveau, n° 272, on ne trouvait une formule de compétence aussi simple que juste, qui peut servir de pierre de touche, pour les cas dans lesquels domine le caractère distinctif du contentieux administratif, et par conséquent qui rentrent dans les attributions de l'administration active au second chef. Cette formule la voici : *Intérêt spécial émanant de l'intérêt général, discuté, en contact avec un droit privé.* Toutes les fois qu'on pourra faire l'application entière de cette formule à un cas quelconque, on pourra affirmer sans crainte d'errer que le cas est contentieux, à moins que la loi, par un déclassement formel, n'ait rendu gracieux ce qui par sa nature était contentieux. Nous avons dit que cette formule devait s'appliquer tout entière ; et, en effet, si dans ces cas on ne trouve l'intérêt général, l'intérêt spécial, la discussion et le droit privé, ils ne sont pas contentieux. Voyons les cas où l'application de cette formule se trouve pratiquée et qui restent dans les attributions de l'administration active au second chef.

Travaux publics.

Les travaux publics embrassent la construction des édifices publics, la confection des routes, chemins de fer, canaux, etc., enfin les grandes voies de communication, et généralement tous les travaux qui s'appliquent au sol et qui sont entrepris dans un but d'utilité générale, sous la direction et le plus souvent aux fraïs de l'Etat considéré comme unité natlonale.

Il ne faut pas confondre l'état propriétaire qui a un domaine privé avec l'état unité nationale, ni les travaux des communes avec les travaux publics, pas plus que les départements et les établissements publics, excepté les routes départementales qui

sont en partie à la charge du Trésor, et exécutés dans un but d'u-
tilité publique.

Dans le cas des travaux publics, il est facile de reconnaître que
l'application de la formule de compétence peut parfaitement avoir
lieu ; ainsi ces travaux sont d'intérêt général, puisqu'ils doivent
servir à tous, et que de plus les frais qu'ils occasionnent sont le
plus souvent payés par l'état, ou mieux par les contribuables.
Ordinairement ces travaux sont adjugés à des entrepreneurs qui
les exécutent. Les *discussions* peuvent s'élever entre l'administration et les entrepreneurs, ou bien encore entre les adjudicataires
et les voisins, quand il est nécessaire d'extraire soit des pierres,
soit du sable, ou de déposer des matériaux sur leur propriété,
quand il y a discussion pour le prix que les propriétaires réclament
et que l'administration ne veut pas donner ; dans ces cas l'intérêt spécial émanant de l'intérêt général est visible, ainsi que le
fait de la discussion et du droit privé ; d'où il faut conclure que
l'administration au second chef sera compétente pour juger les
faits qui donneront lieu à ces discussions et prononcer pour les
dommages et la fixation de l'indemnité dûs dans ces diverses contestations.

Il y a des cas où l'administration ne peut pas prononcer seule
sur toutes les réclamations que peuvent faire naître les travaux
publics, je veux parler des réclamations faites par les propriétaires, quand a lieu une expropriation pour cause d'utilité publique.
Par exemple, quand un alignement est déclaré d'utilité publique,
l'administration n'est pas compétente pour fixer les dommages qui
sont dûs aux propriétaires expropriés. Le jury spécial seul est
compétent pour apprécier l'indemnité qui leur est dûe. (Lois du 8
mars 1810, 7 juillet 1839.) Le pouvoir judiciaire ordonne l'expropriation, car lui seul a le droit de déposséder un propriétaire.
(Chauveau, Cormenin, Delaleau, expropriation pour cause d'u-
tilité publique.) M. Duvergier prétend que le jury est incompétent.
Les tribunaux administratifs sont compétents pour fixer l indem-

nité de plus-value qui résulte de l'augmentation de valeur des propriétés qui se trouvent placées auprès des grandes routes, des ponts, des quais qui ont été récemment construits. (Loi du 16 septembre 1807.)

Les tribunaux administratifs qui sont compétents pour juger presque tous les cas de travaux publics sont les conseils de préfecture.

Marchés publics.

Les marchés publics sont les adjudications de fournitures à faire pour le compte de l'Etat... Dans ce cas, la formule de compétence est applicable dans son entier ; l'administration active au second chef voit donc ces faits rentrer dans sa compétence ; les ministres sont les juges en fait de marchés publics.

On a prétendu que les ministres n'étaient pas juges administratifs naturels, mais bien d'exception, et qu'ils ne devaient connaître que des faits qui leur étaient dévolus par la loi. Mais il est positif que les ministres sont les juges du tribunal ordinaire du premier degré. Parce que la responsabité du pouvoir reposant sur la tête des ministres, ils doivent en diriger l'action et donner satisfaction à ceux qui croient avoir à se plaindre de cette action.

Ainsi, supposons que pour fournir à la subsistance de l'armée en temps de guerre, il soit établi que des fournitures seront livrées par un particulier ; quand il s'élèvera des contestations entre le fournisseur et l'administration avec laquelle il aura traité, le ministre qui aura sous ses ordres les employés de cette administration sera compétent pour juger les contestations.

C'est au ministre qu'il appartient de déclarer, en cas de contestation entre deux particuliers qui se prétendent entrepreneurs, quel est celui qui doit être reconnu pour tel.

L'administration gracieuse a seule le droit de statuer sur la résiliation des marchés de fournitures: Mais les indemnités auxquel-

les elle peut donner lieu rentrent dens les attributions de l'administration active au second chef.

La compétence des ministres en cette matière pour M. Chauveau résulte de l'art. 14 du décret du 11 juin 1806, et de l'arrêté
du 19 thermidor an IV. D'autres auteurs l'ont bien reconnue, mais
ils ne lui donnent pas une aussi grande étendue : Cormenin, Ma-
carel. D'autres refusent de l'admettre : Foucart.

Trésor public.

Les contestations qui s'élèvent entre le Trésor et les comptables,
les difficultés relatives à la constitution des rentes inscrites sur le
grand livre, au paiement du traitement des fonctionnaires, à la
liquidation des pensions, au paiement des sommes dues par la commune, et mises à la charge de l'Etat, par la loi du 20 mars 1793,
rentrent dans la compétence de l'administration active au second
chef.

Il est d'intérêt général, en effet, que le Trésor soit rempli, car
s'il en était autrement la banqueroute de l'Etat s'en suivrait, avec
ces terribles conséquences ; mais sans aller jusques-là, quand le
Trésor se remplit difficilement, tout s'affaiblit. Le commerce éteint,
l'honneur national souffre, les révolutions ne sont pas loin. Tout
le monde est intéressé à éviter ces suites funestes. L'intérêt spécial naît quand il s'agit des recettes et des dépenses qu'il faut
faire rentrer ou liquider. Celui qui pense être taxé trop forte-
ment, ou qui réclame un traitement, a un intérêt spécial, et il
défend dans ces deux cas un droit privé.

La loi a déclassé certaines matières qui tombaient sous le coup
de la formule que nous avons citée plus haut. Ainsi : les questions
que soulève la perception des droits d'enregistrement ont été
dévolues aux tribunaux judiciaires, et c'était justice ; car ce
sont des contrats, des transactions dont il faut apprécier les clau-
ses et le caractère, des droits de succession, que les tribunaux

sont plus aptes que l'autorité administrative à juger. (Du 22 fri-
maire an VII.)

Les contributions indirectes en général sont déclassées par décret du 7 et 11 septembre 1790, art. 2 ; loi du 5 ventôse an XII,
art. 88.

Pour rentrer dans les attributions de l'administration, nous
ferons observer que tout recours contentieux n'est pas toujours
porté devant le Conseil d'état ; le plus souvent la cour des Comp-
tes est compétente pour statuer.

Voierie , Police , Agriculture , Commerce et Industrie.

Est-il nécessaire d'expliquer en quoi l'intérêt général est intéressé à ce que les routes, les canaux , soient entretenus en bon
état, à ce que la police soit faite de manière à pouvoir habiter tel
endroit, sans redouter de voir s'établir à ses portes des ateliers
insalubres par exemple, et tant d'autres inconvénients , suites
inévitables d'un manque de police. N'est-il pas visible combien
l'intérêt général demande la protection de l'agriculture , du commerce et de l'industrie. L'intérêt spécial n'étant qu'un démembrement de l'intérêt général , quiconque voudra user d'une manière spéciale de ce dont l'intérêt général lui permet d'user ,
devra demander, en certains cas , autorisation à l'administration ; si on lui refuse, par exemple, de construire sur son terrain
un atelier, il y a, là, droit de violé ; dès lors , puisque on fait application de la formule : Intérêt spécial, émanant de l'intérêt général, discuté, en contact avec un droit privé , en admettant la
discussion , on doit reconnaître que les actes du pouvoir exécutif concernant la voierie, la police , l'agriculture , le commerce et
l'industrie tombent dans la compétence de l'administration active
au deuxième chef, et la connaissance des réclamations qui en ré-
sultent est dans ses attributions.

Les ateliers insalubres ne peuvent se lever sans autorisation, et les ordonnances et arrêtés qui statuent sur ces demandes doivent être considérés comme émanant de l'administration active au second chef. (Chauveau.) Le décret du 15 octobre 1810 les divise en trois classes.

L'administration peut retirer ces permissions définitivement, que les motifs proviennent de non exécution des conditions imposées aux fabricants, ou des inconvénients qui peuvent résulter de leur existence. (Dufour.)

Lorsque les propriétaires se soumettent à l'exécution de desséchement, la préférence doit leur être accordée plutôt qu'à des étrangers. (Art. 3 et 4 de la loi du 16 septembre 1807.) Ce droit leur appartient ; s'il est blessé, si la concession est faite au profit d'un tiers, ils doivent être admis à faire valoir leurs réclamations par la voie contentieuse. Le choix des concurrents étrangers appartient à l'administration active au premier chef.

L'administration active au second chef est compétente pour juger les dégradations qui ont été faites sur les routes et même sur les rues qui sont la continuation des routes ; elle peut prononcer des amendes, le cas échéant.

Le réglement de la taxe du pain est dans les attributions de l'administration active au second chef.

Les prises d'eau peuvent être révoquées ou modifiées lorsqu'elles occasionnent des dommages publics ou privés.

Exercices des droits politiques.

L'intérêt général se révèle d'une façon bien puissante dans l'exercice des droits politiques ; aussi la loi a-t-elle cru devoir le placer sous la sauvegarde de l'autorité judiciaire, en plusieurs circonstances, et ce, par déclassement. Pour faciliter l'exercice de ce droit, le législateur a confié au pouvoir exécutif le soin de préparer la tenue des assemblées électorales, par la confection des listes. Si on est rayé ou si l'inscription est refusée, l'intérêt spécial naît ; le droit privé est incontestable , surtout depuis 1848 , puisque tous les Français sont électeurs , s'ils sont majeurs. La discussion naît quand l'électeur réclame son inscription qu'on lui refuse pour des motifs qu'il ne trouve pas justes.

Des ordonnances intervenues sur la demande des concessions, retrait des concessions et plans généraux d'alignements , etc.

On a vu déjà classé dans les attributions de l'administration active au second chef le soin de faire justice aux oppositions , aux concessions de mines , aux autorisations d'ateliers insalubres de première classe , aux ordonnances déterminant un plan général d'alignement; on a bien prétendu que ces oppositions n'étaient pas contentieuses , malgré cela il est permis de dire : 1° Que l'opposition est permise à tout individu devant être blessé dans ces droits, par l'ordonnance qui doit intervenir , ou en faveur duquel le droit d'opposition a été ouvert , par une disposition spéciale ; 2° que cette opposition sera jugée en audience publique par le couseil d'état ; 3° qu'aucune opposition ne sera plus recevable après l'accomplissement de toutes les formalités voulues par la loi , et la signature de l'ordonnance , le concessionnaire se conformant aux conditions qui lui sont imposées.

On peut faire opposition aux concessions de nom. Les personnes qui ont intérêt à empêcher qu'un individu prenne leur nom sont admises à former leur oppostion dans l'année de l'insertion de l'ordonnance de concession au bullelin des lois. (Loi du II germinal an XI.) Les noms de famille sont de véritables propriétés. L'opposition à des concessions d'usines sur les cours d'eau rentre dans la compétence de l'administration active au deuxième chef.

Les concessions de mines peuvent porter atteinte aux droits des propriétaires de la surface, ou a d'autres droits réels. Les intéressés doivent donc être admis à présenter leurs moyens d'opposition par la voie cententieuse. (Chauveau, n. 400.)

Les ateliers insalubres de première classe ont besoin pour s'éta·
blir d'une ordonnance qui doit être précédée d'une instruction,
et de la publicité de la demande. Après l'ordonnance, si ces formalités ont été observées, il n'y a pas lieu à opposition.

Les alignements doivent être précédés de certaines formalités
sans lesquelles il y aurait lieu à un recours contentieux.

Quoique l'opposition et le recours ne soient pas recevables, il ne
faut pas croire pour cela que les droits des tiers soient perdus définitivement. Il leur est permis de porter devant l'autorité judiciaire une demande en dommages, et les tribunaux, en la leur
accordant, ne vont pas à l'encontre du pouvoir administratif, car
on ne peut pas supposer qu'il accorde le droit de nuire à son
voisin.

*Interprétation, explication et application des actes
administratifs.*

Qu'est-ce qu'un acte administratif ? Pour répondre à cette ques-
tion, il faut se bien pénétrer qu'il y a une grande différence entre
les actes du pouvoir quand il gouverne, et du pouvoir quand il administre : quand il gouverne, il est pouvoir exécutif pur ; quand
il administre, c'est le pouvoir investi de l'administration active.
Cela posé, il est facile de comprendre qu'un acte administratif
est l'acte du pouvoir qui administre; dès-lors, tout acte administratif rentrant dans les attributions de l'administration active devra être porté devant elle quand il s'agira de l'interpréter. Il faut
bien observer que le caractère de cet acte doit être tel qu'on re-
connaisse qu'il se rapporte à un objet d'administration.

Si un acte administratif, dans une instance devant les tribunaux, paraît à l'une des parties obscur, les tribunaux ne pourront
déclarer l'acte très-clair, et juger en conséquence ; ils devront
renvoyer les parties devant les tribunaux administratifs, pour
faire expliquer l'acte dont il s'agira.

DÉCLASSEMENT DES MATIÈRES.

Excès de pouvoir.

La loi des 7 et 14 octobre 1790 dit que les réclamations d'incompétence contre les tribunaux administratifs seront portées devant le roi, chef de l'administration générale.

On doit ainsi agir quand un fonctionnaire outre-passe ses pouvoirs en statuant sur une matière qui n'était pas dans ses attributions, lorsqu'il méconnaît sa compétence ou qu'il n'observe pas dans ses arrêtés les formalités prescrites. Dans ces cas, la formule est presque applicable en entier, sauf le droit privé ; il n'y a dans ces cas qu'un intérêt privé, mais tel que la loi a cru devoir lui accorder les mêmes faveurs qu'au droit : c'est ce qui a donné lieu à déclasser.

Saillies , Balcons.

Le droit d'accorder des saillies sur la voie publique appartient à l'administration active au premier chef ; cependant, pour la ville de Paris, on a établi une exception, en ordonnant enquête de *commodo* et *incommodo*, et le recours au conseil d'état en cas d'opposition. (24 décembre 1823.)

Ateliers insalubres.

Le décret du 15 octobre 1810 ouvre le droit d'opposition en faveur des tiers, quand il y a pour eux danger ou incommodité.

Vu et approuvé par le Président de la Thèse,

CHAUVEAU (Adolphe).

Toulouse.— Imprimerie de Vᵉ Sens et Compᵉ, rue de la Pomme, 50.